HAJIME ISAYAMA

ATTACK ON TITAN

shingeki no kyojin

4

CARLSEN MANGA!

e Welt von »Attack on Titan«

Die Titanen

Menschenfressende Wesen von geringer Intelligenz, über die nur wenig bekannt ist. Da sie für gewöhnlich zwischen drei und 15 Meter groß sind, ging man davon aus, dass sie die Mauern der Menschen nicht überwinden können. Aber dann taucht eines Tages ein »kolossaler Titan« auf, der nicht nur intelligent, sondern auch so riesig ist, dass er die 50 Meter hohen Mauern überragt.

Armin Arlert
Erens und Mikasas langjähriger Freund. Da er körperlich eher schwach ist, quält er sich mit dem Gedanken herum, von klein auf immer nur von den beiden beschützt worden zu sein.

Mikasa Ackermann
Sie schließt die Ausbildung als Beste ihrer Trainingseinheit ab. Seit ihre Eltern vor ihren Augen starben, beharrt sie darauf, Eren, mit dem sie zusammen aufwuchs, zu beschützen.

Eren Jäger
Aus Sehnsucht nach der Welt außerhalb der Mauern meldet er sich zum Aufklärungstrupp. Aus irgendeinem Grund kann er sich in einen Titanen verwandeln.

Grisha Jäger
Erens Vater, ein Arzt. Seit dem Angriff der Titanen vor fünf Jahren gilt er als vermisst.

Vor 100 Jahren gelang es der Menschheit, sich durch den Bau von drei 50 Meter hohen Mauern ein sicheres Territorium ohne Titanen zu schaffen. Aber dann tauchte vor fünf Jahren plötzlich der »kolossale Titan« auf, zerstörte die äußere Mauer und ließ ganze Horden von Titanen in den äußeren Distrikt. Diese Horden zwangen die Menschen hinter den zweiten Schutzwall, »Mauer Rose«, wo sie gegenwärtig ihr Dasein fristen.

14. Kapitel: Urtrieb

INHALTSVERZEICHNIS

Ich weiß echt überhaupt nicht, wovon du redest...

...

...

Wieso sollte ich rausgehen?

... zum Aufklärungstrupp gehen...?

Wieso sollte ich...

Ist doch so!

10

... die Welt da draußen erkunden!!

Wir wollten doch...

... und riesige, weite Sand-felder.

... Eis-flä-chen...

... Flam-men-wasser und...

Hinter dieser Mauer gibt es...

... da drau-ßen...?

Die Welt...

...

Du hast nur aufgehört, darüber zu sprechen... weil du nicht wolltest, dass ich zum Auf-klärungs-trupp gehe, stimmt's?

Das hast du doch nicht alles verges-sen.

Eren... antworte mir!

FLAFF

... unbedingt die Welt da draußen erkunden?

Wieso also wolltest du...

Sobald man einen Fuß vor die Mauern setzt, ist man in der Hölle.

...

Das...

...

Was für eine Frage!

...
liegt doch auf der Hand
...

...

UNSER NÄCHSTER SCHRITT HÄNGT VON ERENS VERFASSUNG AB!

WIR MÜSSEN HIER ERST MAL WEG.

WOOS

SUUSH

VOM TOR... KOMMEN FÜNF WEITERE TITANEN!

SHROMD

SHROMD

SHROMP

EREN...

SHROMP

ER WIRD JETZT SEINE PFLICHT ERFÜLLEN!!

EREN IST WIEDER BEI UNS!

ARMIN!!

SWISCH

MEH-RERE TITANEN NÄHERN SICH VON HINTEN!

FOOOOOOOO

...GE-HÖRT DER SIEG UNS!

WENN WIR IHM BIS ZUM TOR RÜCKEN-DECKUNG GEBEN...

FHUUU

SHROMP

SHROMP

MEIN
KÖRPER
...

TWITCH TWITCH

...
FÜHLT
SICH
AN WIE
BREI.

GLEICH
BRECH
ICH ZU-
SAMMEN
...

TWITCH

TWITCH

MIKASA...

?!

ARMIN...

DOOM

SEID IHR LEICHTES TITANEN-FUTTER...

WAS ZUR HÖLLE TUT IHR DA ...?

WENN IHR UNTEN AM BODEN BLEIBT...

Eren! Wieso wolltest du...

...unbedingt die Welt da draußen erkunden?

...FREI!

...VON GEBURT AN...

SHROMP

WIR ALLE SIND...

FHUUU

SHROMP

FHUUU

...DAS SPIELT KEINE ROLLE!

UND MÖGEN DIE, DIE UNS DIESE FREIHEIT VERWEHREN, AUCH NOCH SO STARK SEIN...

...IST WIRKLICH FREI!

WER SO ETWAS GESEHEN HAT...

... ODER WAS AUCH IMMER...

OB ES NUN DAS FLAMMEN-WASSER IST ODER DIE EIS-FLÄCHEN...

FHUUU

FHUUU

ALSO KÄMPFE FÜR DEINE FREIHEIT!

... ZU STERBEN.

DENN NUR DAFÜR LOHNT ES SICH AUCH...

... DAS SPIELT KEINE ROLLE.

MAG DIE WELT NOCH SO FURCHT-BAR UND BEDROH-LICH SEIN ...

MAG DIE WELT NOCH SO GRAU-SAM UND BRUTAL SEIN...

...DAS SPIELT KEINE ROLLE.

KÄMPFE
!!

SHROMP

KÄMPFE
!!

...SIND NICHT UM-SONST GE-STOR-BEN...

UN-SERE KAME-RADEN...

...

SHROMP SHROMP

!

DAS IST DOCH ...

HÄ?

MI-KASA?!

FUPP

... DER FREIHEIT ...

DIE FLÜGEL ...

HAJIME ISAYAMA

ATTACK
ON TITAN

shingeki no kyojin

847

HUOOOO O OO OO O O O O OOOO.

15. Kapitel:
Einer nach dem anderen

NA JA, DER GROSSTEIL UNSERER ARBEITER WURDE DOCH VOR EINEM JAHR FÜR DIE RÜCK-EROBERUNG ZUM MILITÄR EINGEZOGEN, DESHALB...

DIESE FELDER SOLLTEN DOCH NOCH VOR DEM WINTER-EINBRUCH URBAR GEMACHT WERDEN!

HEY
...

50

HI

WAS IST DENN, ARMIN?

!

TAPP

TAPP

TAPP

...WARTET NUR!!

ABER...

RÜCK-ER-OBERUNG, PAH...

DIE HABEN MEINE ELTERN ERMORDET, DAMIT SIE WENIGER MÄULER ZU STOPFEN HABEN...

SIR
!!

HEY!

DU
DA!

54

BRÜLL

DEN HAT MIR MEIN GROSS-VATER GEGEBEN, SIR!

HABEN DIR DAS DEINE ELTERN EINGE-BROCKT?

ACH JA?! WAS IST DAS DENN FÜR EIN VER-SCHISSENER NAME?!

FOOOOOOOOO

WES-HALB BIST DU HIER?!

ALSO, AR-LERT!!

GRABB

DU GIBST SICHER HERVOR-RAGENDES TITANEN-FUTTER AB, WENN ES SO WEIT IST.

DAS HÖRE ICH GERN!

UM DER MENSCH-HEIT ZUM SIEG ZU VER-HELFEN, SIR!

!

ZERR

WUPP

REIHE DREI, UM-DREHEN!!

SIR!!

KOOSH

UND WER BIST DU?! NAME?!

ABER... WOZU SOLL DIESE EINSCHÜCHTERUNG EIGENTLICH GUT SEIN?

ICH ERINNERE MICH NICHT DARAN...

ALS DU IN DER TRAININGSEINHEIT WARST, MUSSTEST DU DOCH AUCH DA DURCH, ODER?

ER MACHT SIE FERTIG.

EIN NOTWENDIGER PROZESS, UM DIE REKRUTEN IN EINEN ZUSTAND DER SELBSTVERLEUGNUNG ZU VERSETZEN UND FÄHIGE SOLDATEN AUS IHNEN ZU MACHEN.

DAS IST EIN INITIATIONSRITUS.

WEIL DIE DEN INITIATIONSRITUS BEREITS HINTER SICH HABEN.

JA...

ES GIBT ABER AUCH WELCHE, DIE ER NICHT SO RUNTERMACHT.

SIEH DIR IHRE GESICHTER AN!

WAHRSCHEINLICH HABEN SIE DIE HÖLLE VOR ZWEI JAHREN MITERLEBT.

WAS WILLST DU HIER?!

JEAN KIRSCHSTEIN, SIR! AUS DEM BEZIRK TROST, SIR!

WER BIST DU?

... UND IM INNEREN DISTRIKT LEBEN.

DER MILITÄR-POLIZEI BEI-TRETEN, SIR...

...

JA, SIR!

OH! DER FEINE HERR WILL ALSO IN DEN INNEREN DISTRIKT.

DIE MILITÄR-POLIZEI IST KEIN PONY-HOF! SO SCHAFFST DU ES NIE DORTHIN!

TAUMEL

WER HAT DIR ER-LAUBT, DICH HINZU-SETZEN?!

HMPF!!

BONK

MARCO BOTT, SIR! AUS JINAE IM SÜD-LICHEN BEZIRK VON MAUER ROSE!

NAME?! BEZIRK?!

... UM DEM KÖNIG ZUR SEITE ZU STEHEN, SIR!

ICH WILL ZUR MILITÄRPOLIZEI...

UND WESHALB BIST DU HIER?

ABER...

EIN HEHRES ZIEL.

GROSSARTIG.

AHA ...

...

DU! WER BIST DU?

DER NÄCHSTE!

... ICH BEZWEIFLE, DASS DER KÖNIG SO EINEN SCHEISSHAUFEN HABEN WILL.

AUS DEM DORF RAGAKO IM SÜDLICHEN BEZIRK VON MAUER ROSE!

WOOSH

CONNIE SPRINGER, SIR!

HAT MAN DIR NICHT BEIGE-BRACHT, DASS DIESER GRUSS DEINEN WILLEN ZUM AUSDRUCK BRINGT, DICH MIT GANZEM HERZEN DEM ÖFFENTLICHEN WOHL ZU WID-MEN?

TWACKS

!

FAL-SCHE SEITE ... CON-NIE SPRIN-GER!

TWACKS
TWACKS

...

ODER SITZT DEIN HERZ RECHTS, CONNIE ?

!

MAMPF

MAMPF
MAMPF

?

MAMPF

MAMPF

GULP

MAMPF MAMPF

WAS ZUM ...

HAMMPF

JA, DA LECK MICH DOCH EINER AM ARSCH!

?!

FLUMP

?!

MAMPF MAMPF MAMPF MAMPF

?!

GULP

WER ZUM TEUFEL BIST DU?!

?!

HEY, DU! ICH REDE MIT DIR!

AUS DEM DORF DAUPER IM SÜDLICHEN BEZIRK VON MAUER ROSE!

SASHA BRAUS, SIR!

UND WAS HAST DU DA IN DEINER HAND?

SASHA BRAUS, AHA...

UND WIESO... ISST DU SIE JETZT?

WIESO?

DU HAST SIE... GESTOHLEN?

SIE LAG IN DER KÜCHE, UND DA ICH HUNGER HATTE, HAB ICH SIE MIR GENOMMEN, SIR!!

EINE GEDÜNSTETE KARTOFFEL, SIR!

... ICH SOLLTE SIE JETZT ESSEN, SIR.

... WEIL SIE KALT NICHT SCHMECKT, SIR. ALSO DACHTE ICH...

...

WIESO ISST DU EINE KARTOFFEL?

DU... VERSTEHST NICHT.

?!

SIE WOLLEN WISSEN... WIESO MENSCHEN KARTOFFELN ESSEN? IST ES DAS?

?

AH!

FOO

...

?

!

...

TSS
...

PFLÜCK

64

DIE...
HÄLF-
TE
...?

DI...

WOL-
LEN
SIE
...

... DIE
HÄLF-
TE?

FHHH

SIE MUSS IMMER NOCH RENNEN.

SIEH MAL ...

... SAH SIE WENIGER ENTSETZT AUS ALS IN DEM MOMENT, ALS SIE ERFUHR, DASS SIE HEUTE KEIN ABENDESSEN BEKOMMT.

ABER ALS ER IHR BEFAHL ZU LAUFEN, BIS SIE UMFÄLLT ...

WOW, SEIT FÜNF STUNDEN, UNUNTERBROCHEN.

ECHT?

WO HAST DU DENN GELEBT?

APROPOS, ER HAT DICH GAR NICHT GEFRAGT, WOHER DU KOMMST ...

DASS ES DAS ÜBERHAUPT NOCH GIBT ...

DAUPER IST DOCH DIESES ABGESCHIEDENE BERGDORF, IN DEM NUR NOCH EINE HANDVOLL JÄGER LEBT.

BIS ICH ZWÖLF WAR, HAB ICH DORT GELEBT... DANACH WURDE ICH AUF DIE NEUEN ÄCKER UMGESIE-DELT.

IN SHIGAN-SHINA, GENAU WIE ER.

S... STIMMT JA!

HAST DU IHN GESE-HEN?

DANN...

... ACH, ECHT? WOW...

... WARST DU JA AN »JENEM TAG« DORT!

JA...

DEN KOLOS-SALEN TITANEN?!

UND WIE GROSS WAR ER?!

ECHT?!

OOOOOOH

ZUM HUNDERTSTEN MAL...

HAB ICH...

...

ACH WAS... SO GROSS WAR ER AUCH WIEDER NICHT.

IN MEINEM DORF GING DASSELBE GERÜCHT UM.

ICH AUCH!!

WAS? ICH DACHTE, ER SEI EINFACH ÜBER DIE MAUER HINWEGGESTIEGEN!

SO GROSS, DASS SEIN KOPF ÜBER DIE MAUER RAGTE...

OOOH

ABER FRAG MICH NICHT, WIESO ER SO HEISST. FÜR MICH SAH ER WIE EIN GANZ NORMALER TITAN AUS.

JA, DEN AUCH.

HAST DU AUCH DEN »GEPANZERTEN TITANEN« GESEHEN, DER DIE MAUER MARIA ZERSTÖRT HAT?!

ER HATTE SO GUT WIE KEINE HAUT UND EINEN RIESIGEN MUND.

UND WIE SAH ER AUS?

...SEHEN DIE NORMALEN AUS?!

U... UND WIE...

KALONK

UH ...

HAH!!

SO... SORRY, DASS WIR DICH DARAN ERINNERT HABEN!

ES GIBT DINGE, DIE WILL MAN LIEBER VERGESSEN.

... HÖRT AUF, IHN ZU LÖCHERN!

QUATSCH...

HÄ?

WENN WIR ERST MAL DIE 3D-MANÖVER-AUSRÜSTUNG BEHERR-SCHEN, ER-LEDIGEN WIR DIE MIT LINKS!

SO ANGST EINFLÖS-SEND... SIND DIE TITANEN NUN AUCH NICHT!

DAS EBEN WAR NUR EIN KLEINER MOMENT DER SCHWÄCHE!!

WE... WENN DU MEINST...

ICH BIN JEDENFALLS FROH, DASS ICH NICHT MEHR STEINE AUFSAMMELN ODER UNKRAUT JÄTEN MUSS, SONDERN ENDLICH ZU EINEM SOLDATEN AUSGEBILDET WERDE!

SAG MAL, SPINNST DU?

UND DANN...

... UND DIE TITANEN KILLEN! ALLE!

ICH WERDE DEM AUFKLÄRUNGSTRUPP BEITRETEN...

ACH, DU BIST DER...

... DER ES SICH BEI DER MILITÄRPOLIZEI BEQUEM MACHEN WILL, RICHTIG?

!

JA... UND?

HAST DU GRAD GESAGT, DU WILLST ZUM AUFKLÄRUNGSTRUPP?

MEINST DU DAMIT ETWA MICH?

ICH SAG LIEBER, WIE ES IST.

JEDENFALLS EHRLICHER ALS DIE, DIE DEN HELDEN MIMEN, WÄHREND SIE SICH VOR ANGST IN DIE HOSE SCHEISSEN.

ICH BIN NUR EHRLICH...

ICH WOLLTE DICH NICHT VOR DEN KOPF STOSSEN.

MANCHMAL BIN ICH EINFACH ZU EHRLICH.

?!

SORRY...

DANG DANG DANG

SCHON GUT.

ICH WAR AUCH AUF KRAWALL GEBÜRSTET.

BLA-BLA

DANG DANG

JEDER MUSS SO LEBEN, WIE ER ES FÜR RICHTIG HÄLT.

ICH WOLLTE DICH NICHT KRITISIEREN.

KLAPPER

KLAPPER

DAS ABENDESSEN IST VORBEI. RÄUMT AB!

OKAY.

NICHTS FÜR UNGUT, OKAY? SCHLAG EIN!

PATT

!

HE... HEY, DU...!

SST

73

ICH HAB NOCH NIE JEMANDEN WIE DICH GESEHEN... ÄH...

A... AH, ÄÄÄH...

?

...

DU HAST WUNDERSCHÖNES HAAR...

SORRY...

DANKE.

ABER SAG MAL...

DAS SCHON WIEDER...

IMMER DASSELBE, DICH KANN MAN ECHT NICHT ALLEINE LASSEN...

REG DICH AB! WIR HABEN UNS GAR NICHT GESTRITTEN.

FLAFF

SIND DEINE HAARE NICHT EIN BISSCHEN LANG?

DIE WERDEN DIR BEIM 3D-MANÖVERTRAINING GANZ SCHÖN IM WEG SEIN.

WAS GLAUBST DU, WIE VIEL ICH ABSCHNEIDEN MUSS?

OKAY. DANN SCHNEID ICH SIE EBEN AB.

HII!!

Wiiisch

?!

WAS HAST DU DIR DA GRAD ABGE- WISCHT ...?

HE... HEY!! MEIN HEMD IST DOCH KEIN PUTZ- LAPPEN!

... IN DIE MENSCH- HEIT.

MEIN VER- TRAUEN ...

ENDLICH ...

SCHWANK

... FERTIG ...

HAFF ...

HAFF ...

WANK WANK

UND DANN DAS...

DABEI DACHTE ICH, WENN ICH ENDLICH AUS UNSEREM DORF RAUSKOMME, KRIEG ICH LAUTER GUTE SACHEN ZU ESSEN ...

DIE HABEN MICH ECHT... BIS ZUM UMFALLEN LAUFEN LASSEN ...

WAHRSCHEINLICH BIN ICH BIS ZUM FRÜHSTÜCK VERHUNGERT ...

... GIBT ES NOCH SO VIELE SACHEN, DIE ICH GERN MAL... GEGESSEN... HÄTTE...

DABEI ...

FLUMP

GYAAAAH!

FOOSH

WAS IST DAS ?!

HAH !!

ABER... ZUERST SOLLTEST DU MAL WAS TRINKEN...

ES IST NICHT VIEL, ABER ICH DACHTE, DU WILLST ES VIELLEICHT...

BROT !!

GOTT ?!

HÄ?!

WAS MACHST DU DA?

GROSSER GOTT!!

SCHLING

HII!

HEY!

PSST, NICHT SO LAUT!!

BIST DU ES?!

HÄ?

BIST DU GOTT?!

ICH?

WAS DU DA MACHST?

DU!

NICHT DIE KARTOFFEL-FRAU.

SCHLING
SCHLING
SCHLING

ÄÄÄH... SIE IST BIS EBEN OHNE PAUSE GELAUFEN.

...WAS »GUTES« TUN, HAB ICH RECHT?

ALSO...

DU WOLLTEST...

DU BIST WIE DIE KINDER, DIE HINTER DEM RÜCKEN IHRER ELTERN EINE STREUNENDE KATZE FÜTTERN...

ICH HAB SCHON 'NEN HALS BEKOMMEN, ALS ICH SAH, WIE DU DAS BROT VERSTECKT HAST...

FAINT.

IST DAS ERHEBENDE GEFÜHL, ETWAS ERREICHT ZU HABEN, DIE MÜHE WENIGSTENS WERT?

HAST DU DAS FÜR DIE KARTOFFELFRAU GEMACHT?

HÄ...?

MIR DOCH EGAL...

HÄ ?!

...GLAUBE ICH...

...JEMAND SEIN WILL, AUF DEN MAN ZÄHLEN KANN...

ICH...

ICH... HAB DAS GETAN, WEIL ICH...

HÄ ?!

ALLEIN SCHAFFST DU DAS DOCH NIE!

WIE AUCH IMMER... LASS SIE UNS INS BETT BRINGEN.

DAMIT DIE LEUTE MIR EINEN GEFALLEN SCHULDEN. UND DIE IST SO DÄMLICH, DASS SICH DAS ECHT LOHNEN KÖNNTE.

...DU DENN »GUTES«?

WIESO TUST...

ÄH...

...

HiOOOOOO OOOOO

WER DAS NICHT SCHAFFT, TAUGT NOCH NICHT MAL ALS KÖDER!

BE- NUTZT DIE GANZ- KÖR- PER- GURTE, UM DAS GLEICH- GE- WICHT ZU HALTEN!!

IHR MÜSST NUR DIE SEILE AN BEIDEN HÜFTEN BEFES- TIGEN UND EUCH HÄNGEN LASSEN.

SCHAUEN WIR ZU- NÄCHST MAL, OB IHR ÜBER- HAUPT GE- EIGNET SEID.

DER WIRD UMGE- HEND AUFS LAND GE- SCHICKT.

HM...?

TAPP
TAPP

DIESE ÜBUNG IST NUR DER ALLERERSTE SCHRITT, ABER AN IHR ERKENNT MAN SCHON, OB IHR EINE BEGABUNG FÜR 3D-MANÖVER HABT ODER NICHT.

DIE WEISS JETZT SCHON GENAU, WAS SIE WIE TUN MUSS... DAS IST ES, WAS ICH UNTER »BEGABUNG« VERSTEHE.

NICHT DAS KLEINSTE WACKELN...

SIEH DIR DIE MAL AN.

... SCHEINT ES EINIGE TALENTE ZU GEBEN.

HM... IN DIESEM JAHRGANG...

... GIBT ES DIE, DIE SEHR VIEL DAVON HABEN...

... UND WIE DAS MIT BEGABUNG SO IST...

DER DA...

HERRJE...

ZIEH DEN OBER-KÖR-PER HOCH!

WAS TREIBST DU DENN DA, EREN JÄGER ?!

...HAB ICH DAS GE-MACHT ...?

WIE ZUM TEU-FEL ...

WAS IST DAS DENN ...?

HÄ ...?

BU BUMB

BU BUMB

BU BUMB

BU BUMB

WIESO KRIEG ICH DAS NICHT HIN...?

DAS ... KANN NICHT SEIN!

85

HAJIME ISAYAMA

ATTACK ON TITAN

shingeki no kyojin

VERSUCH BLOSS NICHT, ES BESONDERS GUT ZU MACHEN!

WENN DU DICH AN DIE BASICS HÄLTST, KRIEGST DU DAS HIN.

SCHLIESS-LICH HAB SELBST ICH ES GE-SCHAFFT.

LASS ES RUHIG ANGEHEN, DANN SCHAFFST DU ES!

... UND KON-ZENTRIERE DICH DA-RAUF, DASS DU NICHT KIPPST. UND DANN VER-LAGERST DU DEIN GEWICHT LANGSAM AUF DIE GURTE UM DIE HÜFTE UND AN DEN FUSS-SOHLEN.

SPANN DEN OBER-KÖRPER AN, LASS DEN UNTER-KÖRPER LOCKER ...

KREEK

OKAY.

ZIEH MICH HOCH, ARMIN!

... ICH GLAUB, DIES-MAL KRIEG ICH'S HIN.

16. Kapitel:
Die Mindestanforderung

ICH HAB GEHÖRT, ER IST HEUTE BEIM KÖRPERBEHERRSCHUNGSTRAINING SCHON ABGEKACKT.

ECHT? WIE KANN MAN DENN BEI SO WAS ABKACKEN?

HEY... IST DAS NICHT DER TYP, DER GESTERN ABEND SAGTE...

... ER WÜRDE ALLE TITANEN KILLEN?

AUA!!

EREN!!

EREN!!

EREN!!

KNACKS

DIE WERDEN DOCH KEINEN VERSAGER HIER DURCHFÜTTERN.

UND WIE... WILL ER DANN DIE TITANEN KILLEN?

KEINE AHNUNG... ABER WENN ER SO WEITERMACHT, FLIEGT ER EH RAUS.

SCHWIRR

SCHWIRR

...

ISS ORDENTLICH, DAMIT DU NACH DER SCHINDEREI WIEDER ZU KRÄFTEN KOMMST.

ES REICHT DOCH, WENN DU'S MORGEN HINKRIEGST.

MACH DIR NIX DRAUS.

WENN ICH NICHT MAL DAS HINKRIEGE...

WIE ERBÄRMLICH...

KOMM SCHON, ZERBRICH DIR DARÜBER JETZT NICHT DEN KOPF...

... WENN... ICH ES MORGEN NICHT SCHAFFE...?

WAS...

... MACHE ICH DENN...

... HÄ?!

VIELLEICHT WIRD ES ZEIT, DIR DAS AUS DEM KOPF ZU SCHLAGEN.

... WIE SOLL ICH DIE KERLE DENN DANN VERNICHTEN...?

HM?

DANN SIND ALL DEINE TRÄUME UMSONST GEWESEN.

... ES MIT ACH UND KRACH ZU SCHAFFEN, NUR UM DANN SINNLOS ZU STERBEN.

WENN DIR DAS NICHT LIEGT, DANN IST DAS EBEN SO. ES BRINGT DOCH NICHTS ...

DU KANNST DIE MENSCHHEIT AUCH ALS NAHRUNGSPRODUZENT UNTERSTÜTZEN.

ICH MEINE DAMIT, DASS DU VIELLEICHT NICHT SOLDAT WERDEN SOLLTEST.

WAS MEINST DU DAMIT?

...

WA...

SA... SAG MAL, SPINNST DU...?

KÄMPFEN BEDEUTET SCHLIESSLICH NICHT UNBEDINGT, SEIN LEBEN AUFS SPIEL ZU SETZEN.

GLAUBST DU ERNSTHAFT, DA KÖNNTE MICH SO EINE SCHEISSE ÜBERZEUGEN?

DU WEISST DOCH GENAU, WAS ICH AN JENEM TAG ERLEBT HABE!

HÄ? UND WIESO NICHT?

... WIE ENT-SCHLOS-SEN DU BIST, IST NICHT AUS-SCHLAG-GEBEND.

... ABER ...

...

DUM-ME KUH.

DAS WEISS ICH AUCH ...

UH ...

WEIL DU NICHT ENT-SCHEIDEST, OB DU DAS ZEUG ZUM SOLDATEN HAST ODER NICHT...

WAHR-SCHEIN-LICH HÖR ICH MICH WIE EIN VOLL-IDIOT AN...

MO-MENTAN HAB ICH WIRKLICH KEIN RECHT, DIE KLAPPE AUFZU-REISSEN ...

FAKT IST, SO-LANGE ICH DIE BASICS NICHT BE-HERRSCHE, BRAUCH ICH GAR NICHT WEITERZU-DENKEN ...

DONG DONG DONG KRONK KRONK

GE-RADE FÜR JEMANDEN WIE DICH, DIE ALLES GLEICH AUF ANHIEB SCHAFFT!

ALSO ...

... KEINE SOR-GE.

DONG DONG DONG

O...OKAY.

KOMM, ARMIN.

ICH... SAG JA NICHT, DASS DU ALLEIN AUFS LAND ZU-RÜCKGEHEN SOLLST...

WENN DU GEHST, KOMM ICH NA-TÜRLICH MIT...

ÄÄÄH ...

SAG MAL ...

HM ?

... ISST DU DAS NOCH?

KLAPPER

KLAPPER

95

WOLLTEST DU NICHT FÜR CHRISTA UND MICH WASSER HOLEN?

J... JA ?!

KRONK

WO BLEIBST DU DENN, SASHA?!

...

HÖ... HÖR AUF DAMIT, DAS IST GEMEIN ...

SCHLIESSLICH HABEN WIR DIR DAS LEBEN GERETTET, DAS IST DIR DOCH WAS WERT, ODER?

DO... DOCH, ICH KOMME SCHON, MEIN RETTER UND MEIN GOTT...

DU MUSST ES »FÜHLEN«! DAS IST ALLES, WAS ICH DIR DAZU SAGEN KANN.

SORRY, ABER ICH BIN EINFACH... EIN NATURTALENT.

OB ES EINEN TRICK GIBT?

ICH HAB NÄMLICH KEINE AHNUNG, WIE MAN IN DIESER HALTUNG BEI KLAREM VERSTAND BLEIBEN SOLL...

WENN ES EINEN GIBT, DANN WÜSSTE ICH IHN AUCH GERN.

AUSSER CONNIE UND JEAN GAB ES DOCH NOCH ZWEI, DIE VOM AUSBILDER GELOBT WURDEN. SIE SITZEN DA DRÜBEN...

...UND HEISSEN...

WARTE MAL.

KO... KOMMT SCHON, ICH FLEHE EUCH AN...

97

PLAPPER PLAPPER PLAPPER

HMM... EINEN TRICK ZUR KÖRPER-BEHERR-SCHUNG ...

REINER...

BERTHOLD...

BITTE!!

ICH HAB GEHÖRT, IHR SEID ECHT GUT DARIN.

DU MUSST ES MORGEN EINFACH VERSUCHEN...

VERSTEHE...

ICH WÜRD DIR JA GERN HELFEN, ABER ICH FÜRCHTE, ICH HAB KEINEN TIPP FÜR DICH...

...

SORRY, ABER... ICH GLAUBE NICHT, DASS ES IRGEND-EINEN TRICK GIBT.

...

JA... WIESO?

IHR... SEID DOCH AUS SHIGAN-SHINA, ODER?

UND TROTZ-DEM... WOLLT IHR SOL-DATEN WERDEN? WIESO?

DANN HABT IHR DOCH AM EIGE-NEN LEIB ERFAH-REN, WIE FÜRCHTER-LICH DIE TITANEN SIND.

UND AUCH DIE »NEUEN ÄCKER« HABEN MICH NICHT HIERHERGETRIEBEN...

ICH... WURDE JA NICHT UNMITTELBAR VON DEN TITANEN BEDROHT.

ÖÖH...

ICH BIN NICHT GERADE STARK UND HAB KEINE AHNUNG, OB ICH ÜBERHAUPT ZU IRGENDETWAS NÜTZE BIN...

ABER MIR KOMMT DIE GALLE HOCH, WENN ICH AN DIESE »RÜCKEROBERUNGSMISSION« DENKE, ZU DER DIE REGIERUNG UNS GEZWUNGEN HAT...

KANN ICH NICHT.

... ABER EINFACH NUR SCHWEIGEND ZUSEHEN...

... WOHER IHR KOMMT?

DARF ICH FRAGEN...

BEI MIR IST ES GANZ ÄHNLICH...

VERSTEHE...

... KOMMEN AUS EINEM ABGELEGENEN BERGDORF IM SÜDOSTEN VON MAUER MARIA...

REINER UND ICH...

...

JEDENFALLS WAREN DIE TITANEN FRÜHER DA ALS DIE NACHRICHT.

JA... ANDERS ALS DIE BLÜHENDEN STÄDTE ENTLANG DES FLUSSES WURDEN WIR NICHT GLEICH INFORMIERT, ALS DIE MAUER DURCHBROCHEN WURDE.

HÄ?! ABER DORT...

!

... UND EIN OHRENBETÄUBENDES DONNERN ERTÖNTE, DAS IMMER NÄHER KAM...

ALS MIR KLAR WURDE, DASS DAS DIE SCHRITTE DER TITANEN SIND, UND ICH DAS FENSTER ÖFFNETE...

ES WAR BEI TAGESANBRUCH... ALS DAS VIEH PLÖTZLICH ANFING, VERRÜCKTZUSPIELEN...

WIR ARBEI-
TETEN ZWEI
JAHRE AUF
DEN »NEUEN
ÄCKERN«
UND KAMEN
DANN HIER-
HER.

UND DER
REST
DÜRFTE
WIE BEI
EUCH
SEIN.

ALSO
SCHNAPP-
TEN
WIR UNS
UNSERE
PFERDE
UND
FLÜCH-
TETEN
BIS ZU
MAUER
SINA.

WAS DA-
NACH KAM...
WEISS ICH
NICHT MEHR
SO GENAU...
ICH WEISS
NUR, DASS
ALLE WIE
IRRE DURCH-
EINANDER-
RANNTEN.

IHR SEID ANDERS ALS DIE DA.

DIE DA?

ÄHM... WAS ICH DAMIT SAGEN WOLLTE, IST FOLGENDES...

SO ... SOR- RY ...

MEINE GÜTE... WAS IST DENN PLÖTZLICH IN DICH GEFAH- REN, DASS DU MIT DER GAN- ZEN STORY RAUSPLATZT ?

DIE SIND ZUM GRÖSSTEN TEIL NUR HIER, UM IHR GE- SELLSCHAFT- LICHES AN- SEHEN ZU WAHREN...

DIE ANDEREN REKRUTEN, DIE DAS GRAUEN DER TITANEN GAR NICHT KENNEN.

ABER NICHT ETWA, UM ZUM AUF- KLÄRUNGS- TRUPP ZU GE- HEN, NEIN, SIE WOLLEN ZUR MILITÄRPOLIZEI. UND FALLS DAS NICHT KLAPPT, GEHEN SIE ZUR MAUERGARNISON UND LASSEN SICH SPÄTER ZUR MILI- TÄRPOLIZEI VERSETZEN ...

ALSO SCHWIMMEN SIE LIEBER MIT DEM STROM UND LASSEN SICH ZU SOLDATEN AUSBILDEN.

SEIT DEM FALL VON MAUER MARIA HAT DIE ÖFFENTLICHE MEINUNG SICH UM 180 GRAD GEWENDET, UND WER NACH SEI- NEM ZWÖLFTEN GEBURTSTAG BESCHLIESST, PRODUZENT ZU WERDEN, GILT ALS AUSGE- MACHTER FEIGLING.

HÄ?

UND ICH BIN GENAUSO FEIGE WIE SIE.

WENN DAS NICHT KLAPPT, KANN ES GUT SEIN, DASS ICH ALLES HINSCHMEISSE...

ICH BIN SOLDAT GEWORDEN, WEIL ICH FIT UND SPORTLICH BIN... UND HOFFE, BEI DER MILITÄRPOLIZEI AUFGENOMMEN ZU WERDEN UND ALL DIE PRIVILEGIEN ZU ERHALTEN.

...KEINE ÜBERZEUGUNG.

ICH HABE...

...DASS DIR DEIN EIGENES LEBEN LIEB UND TEUER IST, UND DAS IST AUCH GUT SO.

ABER NACH ALLEM, WAS DU ERLEBT HAST, IST ES DOCH KLAR...

UND ICH BENEIDE EUCH DARUM... DASS IHR ETWAS HABT, DAS EUCH WICHTIGER IST ALS EUER LEBEN.

ICH BIN HIER DER FREAK ...

... UND WURDE DAFÜR VON ALLEN IMMER NUR FÜR VERRÜCKT ERKLÄRT.

ICH HAB, SCHON BEVOR DIE MAUER ZERSTÖRT WURDE, IMMER GESAGT, DASS ICH ZUM AUFKLÄRUNGSTRUPP WILL...

... HAT SICH AUCH NACH DER BEGEGNUNG MIT DEN TITANEN NICHTS GEÄNDERT?

... AN DEINEM WUNSCH ...

HEISST DAS...

HM ...?

... UND ZWAR ALLE, BIS AUF DAS LETZTE.

DIESE WIDERLICHEN MONSTER MÜSSEN GETÖTET WERDEN ...

MH... MOMENTAN WEISS ICH JA NICHT MAL, OB ICH ÜBERHAUPT DAS ZEUG ZUM SOLDATEN HABE...

UND ANGST KENNE ICH AUCH ZUR GENÜGE. ABER EIN GEDANKE IST NOCH STÄRKER ...

...

ICH HABE...

... AUCH SO ETWAS: EIN ZIEL, VON DEM ICH AUF KEINEN FALL ABWEICHEN WERDE...

EINES TAGES WILL ICH IN MEINE HEIMAT ZURÜCK.

DAS IST DAS EINZIGE, WORAN ICH DENKEN KANN...

JA
...

ICH WERDE ZURÜCK-GEHEN... EGAL WAS ES KOSTET!

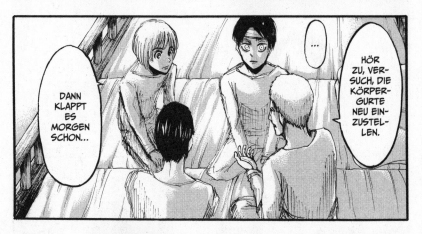

...

HÖR ZU, VERSUCH, DIE KÖRPER-GURTE NEU EIN-ZUSTELLEN.

DANN KLAPPT ES MORGEN SCHON...

JA. VIELEN DANK ...

REINER BRAUN, NICHT WAHR?

ICH BIN SICHER, JEMAND WIE DU KRIEGT DAS HIN ...

... EREN JÄGER, RICHTIG ?

HIOOOOOOOOO

WENN DU ES HEUTE WIE-DER NICHT SCHAFFST, SCHICKE ICH DICH ZURÜCK... KLAR?

DIE BEHERR-SCHUNG DER 3D-MANÖVER-AUSRÜSTUNG IST DIE AB-SOLUTE MINDEST-ANFORDE-RUNG FÜR EINEN SOL-DATEN.

SIR, JA, SIR!

EREN JÄGER ...

BIST DU BE-REIT ?

ICH HAB VIELLEICHT KEIN TALENT, ABER...

ICH KRIEG DAS AUF JEDEN FALL HIN!

ICH SCHAFF DAS!

KREEK

LOS GEHT'S!!

... WAS WILLENS- STÄRKE ANGEHT, MACHT MIR SO LEICHT KEINER WAS VOR!

ABER DAS IST ALLES, WAS ICH HABE!

KREEK

KREEK

FJUP

SCHEISS AUF DIE LOGIK!

VIEL- LEICHT MACH ICH MIR WAS VOR.

AAAH
!!

FLIP

CRASH

BONK

!

LASST
IHN
RUN-
TER.

ZAPPEL

NOCH
NICHT
!!

ZAPPEL

NO
...

113

TAUSCH DEINE KÖRPER-GURTE MIT DENEN VON JÄGER.

SIR ?

WAGNER!!

KNIRSCH

KNIRSCH

KNIRSCH

KREEK

PLÖTZLICH KLAPPT ES... OHNE PROBLE-ME...

WIESO ?!

WI...

KNIRSCH

KNIRSCH

WENN MAN MIT DEN HÜFTEN IN DER LUFT HÄNGT, IST ES NORMALERWEISE, SELBST WENN MAN KIPPT, UNMÖGLICH, MIT DEM KOPF AUF DEM BODEN AUFZUSCHLAGEN.

DIE METALLBESCHLÄGE AN DEN GURTEN, DIE DU BENUTZT HAST, SIND BESCHÄDIGT.

EIN FEHLER IN DER AUSRÜSTUNG.

KNIRSCH

WIE KANN DAS ... SEIN ...?

WA ...!

ABER DU SOLLTEST DIR SCHLEUNIGST EINE NEUE AUSRÜSTUNG BESORGEN.

KNIRSCH

DASS DIE BESCHLÄGE KAPUTTGEHEN KÖNNEN, IST MIR ZWAR NEU...

HÄ?

KNIRSCH

BIST DU... WENN DU HART TRAINIERST.

...

... DOCH GEEIGNET?

DA... DANN BIN ICH...

ICH HAB'S GE- SCHAFFT !!

WOOSH

WAS SAGST DU NUN, MIKASA ?

ICH HAB'S GE- SCHAFFT !!

!

JETZT BRAUCH ICH MICH NICHT MEHR STÄNDIG VON DIR GÄNGELN ZU LAS- SEN!

ICH KANN ES DOCH !!

ICH KANN AUCH GEGEN TITANEN KÄMPFEN !!

ER IST ER-
LEICHTERT,
DASS ER
SICH JETZT
DOCH NICHT
VON MIR
TRENNEN
MUSS...

NEIN.

JA,
SEINE
BLICKE
SAGEN:
»SEHT
IHR?!«

ER HAT
ES GE-
SCHAFFT
...

... ICH
MUSS
SAGEN
...

ER SIEHT
ZWAR
NICHT AUS,
ALS SEI ER
SONDERLICH
TALENTIERT,
ABER...

KNIRSCH

KNIRSCH

...
IST EINE
ECHTE
LEISTUNG.
BEEIN-
DRUCKEND
...

... DASS ER SICH
MIT DIESER
KAPUTTEN AUS-
RÜSTUNG AUCH NUR
EINEN MOMENT
LANG GERADE
HALTEN KONNTE...

...
SOLDAT!

GRISHA...
AB HEUTE
IST DEIN
SOHN...

Das 3D-Manövertraining ist eine knochenharte Angelegenheit, weil es Menschen, die sich normalerweise zweidimensional fortbewegen, dazu befähigen soll, auch die dritte Dimension zu meistern. Das Wichtigste dabei ist Körperkraft, besonders Kraft in den Beinen. Aber Anti-g-Belastbarkeit* (bei der Frauen oft besser abschneiden) und ein gutes räumliches Wahrnehmungsvermögen sind ebenfalls unerlässlich. Da man besonders in der Luft die eigene Lage blitzschnell einschätzen und darauf reagieren muss, braucht man auch überdurchschnittliche mentale Stärke. All das trainieren die Rekruten beim Bungee-Jumping, Geräteturnen und nicht zuletzt auch beim sogenannten »Überraschungsangriffstraining«, bei dem die Ausbilder absichtlich und unvermittelt die Sicherungsleinen durchschneiden, um zu sehen, wie die Rekruten reagieren. Natürlich ist das Training auch alles andere als sicher, aber die, die dabei ihr Leben lassen, hätten auch gegen Titanen keine Chance gehabt, und die Soldaten, die es überstehen, strotzen dafür nur so vor Kampfgeist und Selbstvertrauen.

(Verfasst in Zusammenarbeit mit Ukyou Kodachi und Kiyomune Miwa)

* Sogenannte »g-Kräfte« sind besondere Fliehkräfte bei Kurvenflügen, die dem menschlichen Organismus einiges abverlangen und denen man u. a. mit gezielter Muskelanspannung und Pressatmung entgegenwirken kann.

17. Kapitel:
Militärische Illusionen

DU HAST DICH SCHON ÖFTER GEPRÜGELT, ODER?

SOR-RY... ICH KANN MICH MANCH-MAL SCHWER ZÜGELN.

OH MANN... WIE KANNST DU EINEN RIESEN WIE MICH DER-ART DURCH DIE LUFT SCHLEU-DERN?

AAAAH... JETZT BIST DU ABER MAL DER SCHURKE!

SST

WAS SOLL DAS BRINGEN, GEGEN ANDERE MENSCHEN ZU KÄMP-FEN?

TROTZ-DEM, WAS SOLL DIESES TRAINING EIGENT-LICH?

ZERR

AHA...

DAMALS IN DER STADT GAB ES DIESEN RIESIGEN, MUSKEL-BEPACKTEN RAUFBOLD, MIT DEM ICH ÖFTER GESPIELT HABE...

ICH MEINE, NUR IDIOTEN WÜRDEN DEM GEGNER MIT BLOSSEN HÄNDEN GEGENÜBER-TRETEN!

LASS DAS BLOSS DEN AUS-BILDER NICHT HÖREN...

WENN MAN MIT DIESER NAHKAMPF-TECHNIK... IRGEND-ETWAS ERREICHT, DANN DURCH REINES GLÜCK.

MIT HOLZ-MESSERN LERNT MAN NICHTS.

WIE UN-VER-ANT-WORT-LICH...

ABHAUEN NATÜR-LICH, WAS SONST?!

UND WAS WÜRDEST DU TUN?

...ERREICHT MAN DAMIT IN NEUN VON ZEHN FÄLLEN GAR NICHTS.

ABER IN DER REA-LITÄT...

...

DAS IST WAS ANDERES ALS EINE PRÜGELEI UNTER JUNGS.

ABER... ICH FINDE TROTZDEM, DASS DAS UNVERANTWORTLICH WÄRE.

ICH WEISS, WAS DU SAGEN WILLST.

...

SCHLIESSLICH SIND WIR SOLDATEN!

WENN ETWAS, DAS WIR BESCHÜTZEN SOLLEN, BEDROHT WIRD, MÜSSEN WIR UNS DAZWISCHENWERFEN.

UND MANCHMAL KANN MAN NICHT WEGLAUFEN, EGAL WIE AUSSICHTSLOS DIE LAGE IST.

DAS IST UNSERE PFLICHT ALS SOLDATEN.

... DAS IST NUN MAL UNSERE VERANTWORTUNG.

DENN ICH FINDE ...

GANZ EGAL, WER DER GEGNER IST. DESHALB MÜSSEN WIR TRAINIEREN UND LERNEN, MIT ALLEM ZU KÄMPFEN, SEIEN ES NUN KANONEN ODER UNSERE HÄNDE...

GENAU WIE DAMALS ...

EIN KLEINER JUNGE, DER NUR UNGEBREMST SEINE GEFÜHLE HERAUSSCHREIT.

ICH BIN HIER ...

... DER KLEINE JUNGE.

... ...

HM ?

HM ?

HEY ... SIEH MAL ...

UNSERE VERANTWORTUNG ... DARÜBER HABE ICH NOCH NIE NACHGEDACHT.

TRAINIEREN WIR WEITER!

UWAH... JETZT HALTE ICH DIR SCHON PREDIGTEN, SORRY ...

...

HÄ?

DER ERTEILEN WIR EINE LEKTION IM MESSERKAMPF!

LOS, EREN!!

DIE VERSUCHT SCHON WIEDER SICH DAVONZUSCHLEICHEN, OHNE DASS DER AUSBILDER WAS MERKT.

JA... ANNIE ... WIESO?

DER WERDE ICH ZEIGEN... WAS ES HEISST, EIN SOLDAT ZU SEIN!

DIE IST SO WAS VON NACHLÄSSIG, DIE VERDIENT EINE ABREIBUNG.

...

TAPP TAPP TAPP

...SCHLAGE ICH VOR, DU ERINNERST DICH AN DIE ANFANGSZEIT UND REISST DICH ENDLICH ZUSAMMEN!

WENN DU NICHT NOCH WEITERSCHRUMPFEN WILLST...

DU BIST WOHL SCHARF AUF EINEN KOPFSTOSS VOM AUSBILDER, WAS?

HUCH...!

...

LINS

HÄ? WAS IST DAS DENN FÜR EINE ANSAGE...?

WOOSH

LOS! FANGEN WIR AN, EREN!

DIE GUCKT JA EIGENTLICH IMMER BÖSE... ABER DAS IST NICHTS VERGLICHEN MIT JETZT...

MANN, SIEHT DIE WÜTEND AUS...

ANNIE?

!

SST

DU WEISST, WAS DU ZU TUN HAST, ODER?

WIR SIND HIER BEIM TRAINING FÜR DEN NAHKAMPF MIT KLINGEN-WAFFEN!

GRIP

DASH

ALSO LOS!

SWISH

WHOPP

SCHNAPP

! HIER !!

...

TAPP

JETZT BIST DU DRAN. LOS, GREIF MICH AN!

TAPP

MACH SCHON, REINER!

ICH ...

Ä... ÄHM ...

TAPP

TAPP

...

DAS HIER IST EINE DAVON.

JA... DURCH MANCHE SITUA- TIONEN MUSS MAN ALS SOLDAT DURCH.

... EIN SOLDAT ZU SEIN !!

DU WOLL- TEST IHR DOCH BEIBRIN- GEN... WAS ES HEISST ...

!

132

F...OOOOOOOO

!

BEEIN-DRU-CKEND.

...

REINER IST FAST DOPPELT SO GROSS, UND DU SCHLEUDERST IHN EINFACH SO DURCH DIE LUFT...?

...

MEIN VATER ...

...

WER HAT DIR DAS BEIGE-BRACHT?

WAS WIR HIER TUN, IST DOCH VÖLLIG SINNLOS.

HÄ?

WEN INTERESSIERT DAS ...?

...

HAT DEIN VATER DIESE TECHNIK ERFUNDEN?

PÖH

DU MEINST DAS TRAINING? WIESO SINNLOS ...?

...

DESHALB MACHEN LEUTE WIE ICH, DIE FEST ENTSCHLOSSEN SIND, IN DEN INNEREN DISTRIKT ZU KOMMEN, DIESE ZEIT EINFACH BLAU...

WEIL »NAHKAMPFTECHNIK« UNS KEINE PUNKTE BRINGT.

UND DIE VOLL-IDIO-TEN...

DANN GIBT ES NOCH DIE DEPPEN, DIE EIFRIG TUN, WAS MAN IHNEN SAGT, SO WIE IHR.

ANDERE NUTZEN SIE, UM SICH VOM TRAINING ZU ERHOLEN.

SWISH

OH NEIN, DER AUS-BILDER!

WUPP

AH ...

ICH BIN NICHT SCHARF DARAUF, EIN SOLDAT ZU WERDEN, KAPIERT? ICH WILL EINFACH NUR IM INNEREN DISTRIKT LEBEN.

!

GRABB

JEDEN-FALLS... IST ES DIE 3D-MANÖVER-TECHNIK, DIE AM MEISTEN PUNKTE BRINGT, ALLES AN-DERE IST ZEITVER-SCHWEN-DUNG.

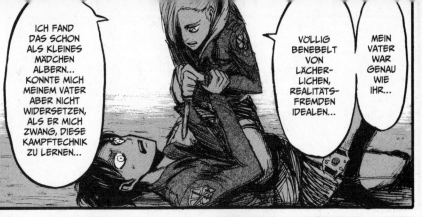

ICH FAND DAS SCHON ALS KLEINES MÄDCHEN ALBERN... KONNTE MICH MEINEM VATER ABER NICHT WIDERSETZEN, ALS ER MICH ZWANG, DIESE KAMPFTECHNIK ZU LERNEN...

VÖLLIG BENEBELT VON LÄCHERLICHEN, REALITÄTSFREMDEN IDEALEN...

MEIN VATER WAR GENAU WIE IHR...

NICHT IN DIESER BESCHISSENEN WELT.

...DÄMLICHEN SOLDATENSPIELCHEN ABZUGEBEN.

SST

HEUTE BIN ICH NICHT MEHR SO BLÖD, MICH MIT...

TAPP

...

DU BIST GANZ OFFENSICHTLICH ÜBERHAUPT NICHT DAFÜR GEMACHT, SOLDAT ZU SEIN ...

137

BLA BLA BLA

ABER... DAS KRIEGT NATÜRLICH NICHT JEDER HIN.

...

DENN WENN DU DAS TRÄGHEITSMOMENT NUTZT, VERBRAUCHST DU WENIGER ENERGIE.

IN SOLCHEN MOMENTEN MUSST DU NUR EINMAL KURZ UND KRÄFTIG AUSATMEN.

UM DEN ZU STOPPEN, STEIGERTEN SIE DEREN WERT DURCH DEN BONUS EINER »EINTRITTSKARTE ZUM INNEREN DISTRIKT«. ABER DASS DAS JETZT, NACH DEM FALL VON MAUER MARIA, IMMER NOCH SO IST, HABEN DIE IM INNEREN DISTRIKT ZU VERANTWORTEN...

WAS UNWEIGERLICH ZU EINEM NIEDERGANG DIESER TECHNIK FÜHRTE.

EREN HAT RECHT. VOR DEM FALL VON MAUER MARIA GLAUBTEN ALLE, DIE 3D-TECHNIK SEI NUR WAS FÜR DEN AUFKLÄRUNGSTRUPP.

DAS IST WIRKLICH EINE FARCE!

HÖRST DU MIR ZU, EREN?

DIE TRAINIEREN TÖTUNGS-TECHNIKEN FÜR TITANEN, UM MÖGLICHST WEIT VON IHNEN WEGZU-KOMMEN?!

WENN DIE NIX MA-CHEN ...

... ERZÄHLT DAS NICHT ÜBERALL HERUM! NOCH MEHR RIVALEN KANN ICH NÄMLICH ECHT NICHT BRAUCHEN.

OKAY, ICH BIN GUT IN 3D-MA-NÖVERN, ABER...

WAS IST DENN, EREN ?

JEAN ...

HEY ...

... DEINE TECH-NIK ZUM TÖTEN VON TITANEN ZU VERFEINERN, NUR UM MÖGLICHST WEIT WEG VON IHNEN ZU KOMMEN?

... FINDEST DU ES NICHT KOMISCH ...

SAG MAL ...

ICH FIND DIESEN BLÖDSINN SOGAR GUT, WEIL ER MIR NÜTZT.

ABER SO IST NUN MAL DIE REALITÄT, ALSO WAS SOLL'S.

NA JA... SCHON.

...

WAS WILLST DU, DU TALENTLOSER CLOWN?

DU DRECKIGES STÜCK SCHEISSE!

KRONK

KRONK

KRONK

EREN VS. JEAN, KAMPF NR. 127 ...

OH NEIN.

GEHT DAS SCHON WIEDER LOS!

RAUN

WOHER SOLL ICH DAS WISSEN ...?

... ICH MEINE ...

TAPP

... WENN DIE, DIE DAS AM BESTEN KÖNNTEN, SICH IM INNEREN DISTRIKT VER-SCHANZEN ...?

... ERKLÄR MIR DOCH MAL, WIE WIR DIE TITANEN BE-SIEGEN SOLLEN ...

DANN ...

K'RONK

HÄÄÄ ?!

HÖR AUF, MICH STÄNDIG ANZU-MACHEN, DU KLEINE RATTE ...!

GRABB

DU ZERFETZT ES NOCH, DU AFFE!

HÖR AUF, AN MEINEM HEMD ZU ZERREN!!

DU MISTKERL!!

WUUTT

!

DIR WERD ICH'S ZEIGEN...

WIE WAR DAS?

WWTT

NEIDHAMMEL!!

WAS KÜMMERT MICH DEIN HEMD?!

DER KERL ...

... NA KLAR...

... GENAU WIE ICH... BIS-HER.

... LÄSST NUR UNGE-BREMST SEINE GEFÜHLE HERAUS ...

ICH BIN JETZT...

ABER ICH BIN JETZT... ANDERS.

WWTT

... EIN SOLDAT!

ZERR

WOOSH

ZAMP

ZAMP

ICH SETZE KAMPF-TECHNIK EIN, UM DIE SITUATION UNTER KONTROLLE ZU BRINGEN.

WUOPP

AUAAA...

ZAMP

... ER-
LERNT
HABE,
WÄH-
REND
DU
RUMGE-
HANGEN
HAST.

... EINE
KAMPF-
TECHNIK,
DIE ICH
VORHIN
AUF DIE
HARTE
TOUR...

WOOSH

DU
ARSCH!!
WAS
SOLL
DER
SCHEISS
?!

DAS
WAR
...

...
WILLST
EIN...

UND
DU...

EIN
BEQUEMES
LEBEN, IN
DEM MAN SICH
SEINEN LAUNEN
HINGIBT... IST
ES DAS, WAS DU
UNTER REALITÄT
VERSTEHST?

...
SOLDAT
SEIN?!

145

KRINK

!

?!

WAS IST DENN EIN SOL- DAT ?

GNNN

KANN MIR DAS MAL JEMAND ERKLÄ- REN?

WAS WAR DAS EBEN FÜR EIN KNALL ...

K.REEEEK

SST

TAPP

TAPP

146

HÄ ?!

DAS WAR NUR SASHA, DIE GEFURZT HAT.

LERNE, DICH ZU BEHERRSCHEN!

!

DU SCHON WIEDER...

DAS WAR KNAPP, JEAN.

...

WIR BEIDE WERDEN IMMER ANEINANDERGERATEN.

JA... DAS NERVT...

... DICH DEINEN PLATZ BEI DER MILITÄRPOLIZEI GEKOSTET.

UM EIN HAAR HÄTTE EIN BLÖDER STREIT ...

DA HÄTTE ICH EINE GUTE LÖSUNG FÜR DICH.

ABER HIER IN DEN BARACKEN KANN ICH ES MIR NICHT LEISTEN, MICH ZU PRÜGELN ...

KOMM EINFACH, WENN DU SO WEIT BIST, ICH ERWARTE DICH!

WENN DU DICH IN DER ÖFFENT-LICHKEIT MIT MIR PRÜGELN WILLST, WARUM DANN NICHT IM NAHKAMPF-TRAINING?

NA, ANNIE?

...

... UM DIR IRGEND- WANN EINS AUSZUWI- SCHEN.

DAS TUT ER NICHT, UM EIN GUTER SOLDAT ZU WER- DEN, SONDERN NUR...

... NÖ, ABER...

SIEHT JEAN SO AUS... ALS WÜRDE ER BLAU- MACHEN?

... ZUMINDEST BEMÜHT ER SICH JETZT ERNSTHAFT, DIESE TECHNIK ZU ERLERNEN.

TJA...

ABER...

DAS IST MEINE TOCHTER!!

SEHR GUT, ANNIE!

ZOMP

ZOMP

HAA...

EINE EINZIGE KATASTROPHE!

SIE WAR UNTER ALLER SAU.

ICH HAB SIE MIR ZWAR NUR ABGEGUCKT, ABER SIE HAT SUPER FUNKTIONIERT, ODER?

UND WIE FANDEST DU MEINE TRITTTECHNIK?

...BRINGE ICH SIE DIR GERNE BEI!

WENN DIR DIESE TECHNIK SO SEHR GEFÄLLT...

...

WAS WAR DENN SO SCHLECHT DARAN?

WIESO...?

EINE VORS SCHIENBEIN ZU KRIEGEN TUT ECHT WEH.

HÄ? NEIN, DANKE.

WIESO AUF EINMAL SO ZURÜCKHALTEND?

BASH

9. Hoch gehärteter Stahl

Ein Stahl, der ausschließlich in den Industriestädten produziert wird. Er ist stabil und gleichzeitig flexibel, was ihn bis dato zum einzigen macht, der Titanenfleisch schneidet. Die daraus geschmiedeten »Halbklingenschwerter« mit den charakteristischen Sollbruchstellen, mit denen die Klingen in einem speziellen Verfahren versehen werden, sind als wirksame Antititanen-Waffen weithin bekannt. Um den »Hoch gehärteten Stahl« zu veredeln, braucht man Hochöfen, die es nur in den Industriestädten gibt. Deshalb können die Schwerter nur dort hergestellt werden. Außerdem müssen beim Schmieden des »Hoch gehärteten Stahls« winzige Mengen verschiedener Seltenerdmetalle beigemischt werden. Aber welche genau das sind und in welchem Verhältnis sie beigefügt werden, ist ein gut gehütetes Geheimnis der Produzenten in den Industriestädten.

(Verfasst in Zusammenarbeit
mit Ukyou Kodachi und Kiyomune Miwa)

ZAAAAAAAARA

18. Kapitel:
Was soll ich jetzt tun? PLASH

PLASH
PLASH
PLASH

WILLST DU HIER ALS EINZIGER DEINE AUSRÜSTUNG ABLEGEN ?!

IST DEIN GEPÄCK ZU SCHWER ?!

WIESO BLEIBST DU STÄNDIG ZURÜCK?

WAS IST LOS, ARLERT ?

ZRAAAAAAAA

...GNNN...

PLASH
PLASH
PLASH

PLASH
PLASH

GRABS

WAS ZUM ...?! HEY!

UND WENN ICH DABEI DRAUFGEHE.

MEIN GEPÄCK TRAG ICH SELBST.

ZAAAAAAAAR

...

DASH

TRAPP TRAPP TRAPP

ABER WIE ICH HÖRE, IST ER IN DER THEORETISCHEN AUSBILDUNG GENIAL.

ARMIN ARLERT: PHYSISCH GESEHEN BLEIBT ER WEIT HINTER DER NORM ZURÜCK.

TRAPP TRAPP

... WIRD ER WAHRSCHEINLICH...

WENN ER SEINEN PLATZ FINDET ...

RWOOOOOO

KRITZEL

KRITZEL

...DURCH SEINEN MANGEL AN DURCHSETZUNGSVERMÖGEN TENDIERT ER DAZU, DIE ENTSCHEIDUNG ÜBER SEIN HANDELN ANDEREN ZU ÜBERLASSEN.

BERTHOLD FÜBAR: ER BEHERRSCHT ALLE MÖGLICHEN KAMPFTECHNIKEN... UND SCHEINT GROSSES POTENZIAL ZU HABEN, ABER...

ABER SIE IST EINE EINZELGÄNGERIN UND TEAMWORK FÄLLT IHR SCHWER.

ANNIE LEONHARDT: IHRE HIEBE HABEN DEN PERFEKTEN EINSCHLAGSWINKEL UND SCHNEIDEN TIEF INS FLEISCH DES ZIELOBJEKTS.

RUSH

... MUSS ICH DIE »TITANEN« ZUERST ENTDECKEN, UM PUNKTE ZU SAMMELN.

ALSO...

WAS DIE TIEFE DER HIEBE ANGEHT, KOMME ICH NICHT AN SIE RAN...

ICH BIN DERJENIGE, DER ZUR MILITÄRPOLIZEI KOMMT, VERLASST EUCH DRAUF!

!

ICH HAB IHN ...

AUCH IST ER GUT DARIN, SITUATIONEN RICHTIG EINZUSCHÄTZEN, ABER GERÄT DURCH SEIN AUFBRAUSENDES WESEN OFT IN KONFLIKTE.

JEAN KIRCHSTEIN: ER BEHERRSCHT DIE 3D-MANÖVERAUSRÜSTUNG IM SCHLAF UND VERSTEHT ES AUSGEZEICHNET, DIESE FÄHIGKEIT ABZURUFEN UND EFFEKTIV EINZUSETZEN.

SWISH

SWISH

?!

DIESMAL WERDE ICH...

FOOOOOOOOOOOOOO

GUTE ENTSCHEIDUNG, MICH AN IHN RANZUHÄNGEN.

DIESER MISTKERL ...

CONNIE !!

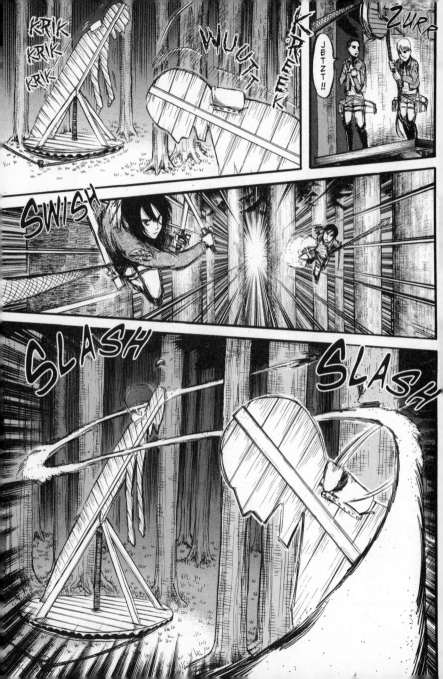

SIE IST DIE BESTE KÄMPFE-RIN, DIE WIR JE HATTEN, UND BEKOMMT NUR TOP-NOTEN.

MIKASA ACKER-MANN: EIN AUS-NAHME-TALENT, DAS SELBST DIE SCHWIE-RIGSTEN AUFGABEN PERFEKT MEISTERT.

ALLERDINGS HAT ER SEINE LEISTUNGEN LANGSAM, ABER STETIG VERBESSERT UND BESITZT EINE ZIEL-STREBIGKEIT, DIE ALLES IN DEN SCHAT-TEN STELLT.

EREN JÄGER: EIN HERVOR-RAGENDER NAHKÄMP-FER, ABER ABGESEHEN DAVON OHNE BESONDERE TALENTE.

TAMP

SLASH

HMPF!!

GNN...

FOOOOOOSt

DAS WAR ECHT MIES, LEUTE!

SEIT WANN FRAGT MAN UM ERLAUBNIS, WENN MAN JEMANDEM DIE BEUTE STIEHLT?

HEULST DU GLEICH, JEAN?

MIES?

?

ICH HATTE DAS ZIELOBJEKT ALS ERSTER ENTDECKT...

KOMMT SCHON... WIR SOLLTEN FROH SEIN, DASS WIR DIE PRÜFUNG ALLE OHNE VERLETZUNGEN ÜBERSTANDEN HABEN.

PAH... KOMMT MIR BLOSS NICHT MIT EURER VERQUEREN HINTERWÄLDLERLOGIK!

RICHTIG, JEAN! DU BIST SCHULD!

FÜR MICH SAH ES GRAD SO AUS, ALS WÜRDEST DU DIE BEUTE ANDEREN ÜBERLASSEN, OBWOHL DU SIE ALS ERSTER ENTDECKT HAST...

SAG MAL, MARCO...

...

HMM...

BRAUCHST DU KEINE PUNKTE ZU SAMMELN?

WILLST DU NICHT ZUR MILITÄRPOLIZEI?

... ABER ICH KANN NICHT ANDERS... ALS DARAN ZU DENKEN, WAS ICH IN EINEM ECHTEN KAMPF TÄTE.

ICH WEISS, DIESE WETTKÄMPFE SIND NÖTIG, UM UNSERE KAMPFTECHNIK ZU VERBESSERN ...

DAS WAR SCHON IMMER MEIN TRAUM.

ABER JA, ICH WILL ZUR MILITÄR-POLIZEI.

IN EINER PRÜFUNG, IN DER ES UM ANGRIFFS-FÄHIGKEITEN GEHT, MACHT DAS ALLERDINGS WENIG SINN...

UND DA WÜRDE ICH ALS LANG-SAMSTER VON UNS LIEBER DEN TITANEN ABLENKEN, SO DASS DER REST VON UNS SICH IHM VON HINTEN NÄHERN KANN...

HÄ?

VER-STEHE... MIT ANDEREN WORTEN, DU BIST DER GE-BORENE ANFÜHRER.

ALSO ICH WÜRDE SOFORT IN EINEM TRUPP KÄMPFEN, DEN DU ANFÜHRST.

DU BEHÄLTST DEN ÜBER-BLICK, BIST CLEVER UND DENKST ÄUSSERST EFFIZIENT...

DAS WÄRE DER RICHTI-GE JOB FÜR DICH!

MEINT IHR ...?

ME ...

KLINGT NACH 'NER GUTEN ÜBER-LEBENS-STRATE-GIE.

ICH WÜRDE AUCH ZU DIR KOMMEN, MARCO.

MOMENT MAL...

JEDENFALLS WILL ICH NICHT INS TEAM IRGENDEINES DRAUFGÄNGERS...

... BEI DEM MAN KEINE ZEHN SEKUNDEN ÜBERLEBT...

DA WÄRE ICH AUCH GERN IN DEINEM TRUPP, MARCO!

REDET IHR VON DEM »TITANENANGRIFF AUF TROST«-SZENARIO?

UND SCHON GEHT ES WIEDER LOS MIT JEANS INDIREKTEN LIEBESERKLÄRUNGEN...

?

WENN DU SCHON SO FRAGST, WEISST DU'S JA.

MEINST DU DAMIT JEMAND BESTIMMTES?

KOMMT SCHON, IHR BEIDEN!!

...

PUH... BIN ICH FERTIG...

ACH, HALT DIE KLAPPE, CONNIE!

HÖR MAL, JEAN. ICH WUSSTE NICHT, DASS JEMAND VON UNS EIN »DRAUFGÄNGER« SEIN SOLL.

KÖNNT IHR DAS NICHT LANGSAM MAL VERGESSEN?

KLAPPE, KARTOFFEL...

KARR KARR

MUT GEHÖRT NUN WIRKLICH NICHT ZU MEINEN STÄRKEN.

ICH? SOLL DAS EIN WITZ SEIN?

ICH GLAUBE JA, DASS DU DER BESSERE ANFÜHRER VON UNS BEIDEN WÄRST.

TAPP

TAPP

TAPP

HMM...

ABER WIESO GLAUBST DU DAS?

TAPP

TAPP

TAPP

BITTE GEH NICHT GLEICH WIEDER IN DIE LUFT, ABER...

...DU BIST...

REKRUT! KENNST DU SEINEN NAMEN?

ABER...

ICH HAB NICHT VIEL VON IHM GESEHEN...

...

WAS IST NUR PASSIERT?

...MARCO...

...KANN NICHT SEIN.

...AUSGERECHNET ER... DAS...

...DER GESEHEN HAT, WIE DAS PASSIERT IST...?

...JEMAND...

IST HIER JEMAND...

I...

WENN DU ES WEISST, DANN SAG ES MIR!

WIE HEISST ER?

ZWEI TAGE IST ES JETZT SCHON HER, DASS DAS LOCH VERSCHLOSSEN WURDE!

... VERSTEHST DU DENN NICHT?!

ES BESTEHT AKUTE SEUCHENGEFAHR!

EINEN AUSBRUCH MÜSSEN WIR UNBEDINGT VERHINDERN.

UND WIR SIND IMMER NOCH NICHT FERTIG MIT DEM BERGEN DER LEICHEN.

VER-
STEHST
DU?

FÜR
TRAUER
IST
JETZT
LEIDER
KEINE
ZEIT!

... DER
104.
TRAI-
NINGS-
EIN-
HEIT
...

... MARCO
BOTT...

DAS
IST...
DER AN-
FÜHRER
DES 19.
TRUPPS
...

UND
JETZT
ARBEITE
WEITER!

MARCO
BOTT...
DANKE,
DASS
DU IHN
IDENTI-
FIZIERT
HAST.

KRITZEL

WAS ZUM TEUFEL IST DAS ...?

DESHALB BRECHEN SIE, NACHDEM SIE SICH DEN BAUCH VOLLGESCHLAGEN HABEN.

DIE BIESTER HABEN JA KEINE VERDAUUNGSORGANE.

ERBROCHENES VON EINEM TITANEN.

UGH...

WIE SOLLEN WIR DIE DENN JETZT NOCH AUSEINANDERHALTEN?

MANN... IST DAS ÜBEL.

...MEIN GOTT...

WOOOOOOOOOOOO

TUT MIR LEID...

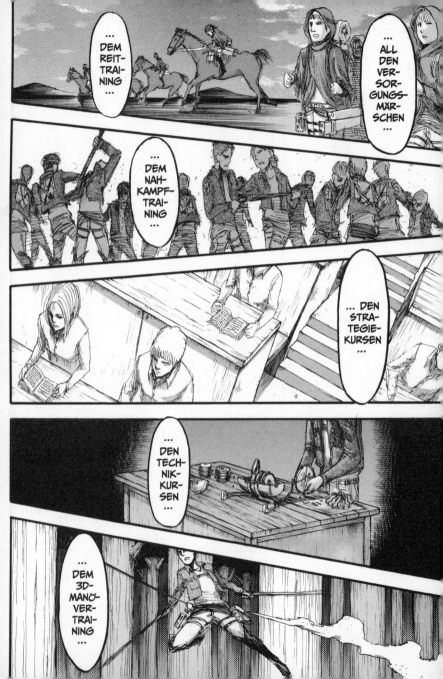

KNIST

JETZT BE-
REUEN WIR ES
ALLE.

BHOOOOOOOOO

VER-
DAMMT
...
MARCO
...

JETZT, DA
WIR MIT
UNSEREN
KRÄFTEN
AM ENDE
SIND...
KÖNNEN
WIR AN
NICHTS
ANDERES
MEHR
DENKEN.

HÄTTEN
WIR GE-
WUSST,
DASS UNS
DIESE
HÖLLE
ERWAR-
TET, WÄREN
WIR KEINE
SOLDA-
TEN GE-
WORDEN.

...
WELCHE
KNOCHEN
VON DIR
SIND...

ICH WEISS...
NOCH NICHT
MAL MEHR...

...
MÜSSTE
ICH JETZT
NICHT
DARÜBER
NACH-
DENKEN,
WER VON
UNS ALS
NÄCHSTES
DRAN IST
...

... HÄTTE
ICH EUCH
NICHT GE-
TROFFEN
...

BHOOO

WÄRE
ICH NICHT
SOLDAT
GEWOR-
DEN...

OOOO

DASS WIR KÄMPFEN MÜSSEN...

ICH WEISS, AUCH OHNE DASS DU ES MIR SAGST...

... OHNE AUCH NUR ZU VERSUCHEN, EINE STRATEGIE ZU ENTWICKELN? DAS KANN DOCH NICHT DEIN ERNST SEIN!

ODER WILLST DU DICH EINFACH SO VON IHNEN ESSEN LASSEN...

KEINER VON UNS...

ABER... AUCH WENN ICH ES WEISS... SO BEKLOPPT WIE DU WERDE ICH NIE...

... DU BIST...

BITTE GEH NICHT GLEICH WIEDER IN DIE LUFT, ABER...

... IST SO STARK WIE DU...

... KEIN STARKER MENSCH.

DESHALB VERSTEHST DU, WIE SCHWACHE MENSCHEN SICH FÜHLEN.

... WEISST DU IMMER GENAU, WAS ZU TUN IST. WEISST DU, WAS ICH MEINE?

UND DA DU ES GLEICHZEITIG VERSTEHST, SITUATIONEN RICHTIG EINZUSCHÄTZEN...

... WAS SOLL DAS DENN HEISSEN?

... AKZEPTIERT MAN SOFORT, GANZ EGAL IN WELCHER SITUATION MAN STECKT.

UND EINEN BEFEHL VON JEMANDEM, DER GENAUSO IST WIE MAN SELBST ...

ICH MEINE... ICH BIN AUCH SO UND ICH WÜRDE SAGEN, DIE MEISTEN VON UNS SIND SCHWACH ...

WAS ...

... SOLL ICH ...

... JETZT TUN...?

TAPP

TAPP

TAPP

HEY... LEUTE...

SOAR

TAPP

... ZU WELCHER EINHEIT IHR WOLLT?

TAPP

HABT IHR EUCH SCHON ENTSCHIEDEN...

ICH ...

ICH HAB MICH ENT- SCHIE- DEN.

ICH GEHE ...

WWTT

...

... ZUM AUFKLÄ- RUNGS- TRUPP.

EINEN TAG, AN DEM DIE FEST INSTALLIERTEN KANONEN AUF DEN MAUERN UNUNTERBROCHEN FEUERTEN.

ES DAUERTE EINEN GANZEN TAG, DEN BEZIRK TROST VON DEN EINGESCHLOSSENEN TITANEN ZU SÄUBERN.

... UND DER AUFKLÄRUNGSTRUPP ERLEDIGTE DEN REST.

DIE TITANEN, DIE SICH IN DER NÄHE DER MAUERN HERUMTRIEBEN, WURDEN VON SPRENGGESCHOSSEN ZERFETZT...

SIE SCHAFFTEN ES SOGAR, ZWEI MONSTER LEBEND ZU FANGEN.

DAS IST ES EIGENTLICH SCHON, WAS IN DEN DREI TAGEN, DIE DU IM KOMA GELEGEN HAST, PASSIERT IST...

...

HAST DU IRGEND-WELCHE FRAGEN?

EREN!

Ä... ÄHM...

...HAUPT-GE-FREI-TER LEVI.

KOM-MAN-DANT ERWIN... UND...

DAS SIND DIE ZWEI OBERS-TEN AN-FÜHRER DES AUFKLÄ-RUNGS-TRUPPS.

WO BIN ICH HIER?

... WIR HABEN GERADE ERST DIE ERLAUBNIS BEKOMMEN, DICH ZU BE-SUCHEN.

ZUCK

DU SITZT IN UNTERSU-CHUNGS-HAFT, WEIL DIE MILITÄR-POLIZEI JETZT FÜR DICH ZUSTÄN-DIG IST.

NUN JA, WIE DU SIEHST, BIST DU IN EINER ZELLE.

... RASSEL

EBENSO WIE ALLE, DIE IRGEND-ETWAS ÜBER DEINE VER-GANGENHEIT WISSEN.

SIE WER-DEN BE-FRAGT.

WA...WAS IST MIT DEN AN-DEREN?!

UND WAS PAS-SIERT JETZT?

AH...

... WAS WIR BISHER AUCH GETAN HABEN.

SST

UND WIR WERDEN IN ETWA DAS TUN...

WUPP

DU KRIEGST IHN SPÄTER ZURÜCK.

DEN HATTEST DU BEI DIR.

DER SCHLÜSSEL...

RICHTIG?

JA... ICH GLAUBE... DAS HAT MEIN VATER DAMALS GESAGT.

... LIEGT DAS GEHEIMNIS DER TITANEN...

... BZW. IM KELLER DES HAUSES VON DR. JÄGER...

IN DEINEM ELTERNHAUS...

LEVI... WIR WAREN UNS DOCH EINIG, DASS DER JUNGE KEINEN GRUND HAT, ZU LÜGEN.

WIE PRAKTISCH...

ACH JA, DU HAST JA DAMALS DAS GEDÄCHTNIS VERLOREN. UND DEIN VATER IST SPURLOS VERSCHWUNDEN...

WAS ICH WILL?

... MUSS ICH VOR ALLEM WISSEN, WAS DU WILLST?

ES GIBT NOCH EINIGE OFFENE FRAGEN... ABER FÜRS ERSTE...

UND UM DAS DURCH-BROCHENE TOR IN DER MAUER MARIA STOPFEN ZU KÖNNEN...

... SIND WIR... AUF DEINE »TITANEN-KRÄFTE« ANGE-WIESEN...

UM DEIN ELTERNHAUS ZU UNTER-SUCHEN, MÜSSEN WIR DEN BEZIRK SHIGAN-SHINA UND DIE MAUER MARIA ZURÜCK-EROBERN.

UND SO-WOHL DER »KOLOSSALE TITAN« ALS AUCH DER »GEPANZERTE TITAN« FOLGEN WAHRSCHEIN-LICH DENSEL-BEN GRUND-PRINZIPIEN WIE DU...

ES IST NUN MAL SO, DASS UNSER SCHICK-SAL VON TITANEN BESTIMMT WIRD.

I...

...

DER »SCHLÜSSEL« ZUR RETTUNG DER MENSCHHEIT AUS IHRER HOFFNUNGS- LOSEN LAGE.

DEIN WILLE IST DER »SCHLÜS- SEL«.

SCHUMM

ICH ...?

GNNNNNNN

MACH SCHON ... ANT- WORTE !!

WAS WILLST DU?